H D A C

DÉPART TRIOMPHANT DU FILS DE DIEU

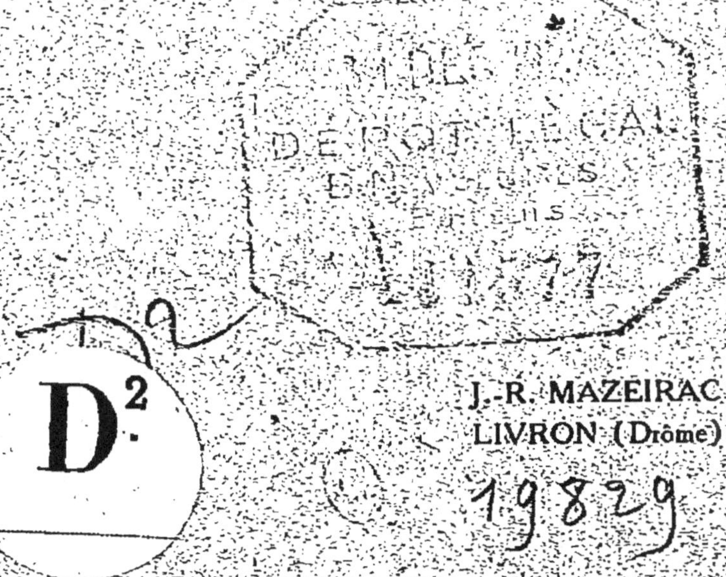

J.-R. MAZEIRAC
LIVRON (Drôme)

Départ triomphant
du Fils de Dieu

« Je suis sorti d'auprès du Père, et je suis venu
dans le monde ; et de nouveau je laisse le monde,
et je m'en vais au Père. »

(Jean, XVI, 28)

DÉPART TRIOMPHANT
DU FILS DE DIEU

Jean, XVI, 28

Il n'y a jamais eu un homme aussi glorieux que Christ. Quelle qu'ait été la gloire de tout autre homme, elle n'est nullement comparable à celle de Christ. Il s'est tenu seul dans sa gloire, malgré tout ce qu'ont dit contre lui les hommes égoïstes et orgueilleux. Dans les jours actuels caractérisés par le mépris de Christ et l'abandon de toute profession de son nom, il est bon que nous ayons un plus profond sentiment de sa grandeur et de la folie de ceux qui se détournent, ne tenant aucun compte de lui. Lui seul, venu de la

GLOIRE, A PARCOURU UN CHEMIN DE GLOIRE, ET S'EN EST RETOURNÉ DANS LA GLOIRE. Il est venu du Père, dans ce monde, lui le Fils ; il est venu de la scène de satisfaction et de délices dans laquelle le Père a toujours été. Il est entré dans ce monde et a révélé Dieu, faisant connaître son amour. Il a aussi manifesté sa gloire, pour la bénédiction de tous ceux qui le reçoivent ; mais le monde n'avait aucun désir de gloire. Le monde préférait le péché. Christ a quitté ce monde, et s'en est allé dans la gloire comme Homme, afin que nous soyons au siècle des siècles avec lui dans cette gloire. Mais chaque étape de son départ fut marquée par la gloire.

Personne ne pouvait le faire se hâter, ou le faire partir avant le temps. Il dit : « Père, l'heure est venue ». Le moment de son départ était fixé par le Père, et non par le monde ; et il ne pouvait le quitter avant d'avoir dit tout ce qu'il devait dire, et fait tout ce qu'il devait faire.

Dans cette dernière nuit, nuit terrible où les hommes complotaient entre eux pour le détruire, *personne ne pouvait troubler sa paix.* A ses derniers moments, il déclara à ses disciples quel était son glorieux plan, ainsi que ses arrangements et la provision qu'il avait faite pour la continuation du témoignage jusqu'à son retour.

Puis, il pria, et *personne ne pouvait prier comme Christ*. Sa prière recommandait l'attention : c'était une revendication d'amour. Le Fils s'adressait à l'amour du Père en faveur des siens, les confiant à ses soins. Dans cette prière merveilleuse, il déclarait l'avenir éternel des siens, fixant sur eux la gloire que le Père lui avait donnée. « La gloire que tu m'as donnée, moi, je la leur ai donnée » ; et il continue en indiquant quel effet serait produit sur le monde — « Que le monde connaisse que toi tu m'as envoyé, et que tu les as aimés comme tu m'as aimé ».

Personne ne pouvait déjouer ses plans, ni s'opposer à sa volonté. Oui, ses plans de gloire et sa volonté envers les siens se liaient à la bénédiction, de l'autre côté de la mort, là où ne peut se montrer la volonté de l'homme. Sa volonté était d'avoir les siens là où il est, afin qu'ils contemplent sa gloire, la gloire de celui qui était aimé avant la fondation du monde, une gloire qu'il nous est permis de contempler, mais qui ne peut nous être communiquée. Il fait aussi connaître ses intentions de déclarer aux siens le nom du Père quand il serait ressuscité; c'est ce qu'il a fait. Dans ses dernières paroles, il n'y a aucune trace de défection, ni de tristesse. Bien au contraire, tout est triomphe et gloire.

Ensuite, il va rencontrer l'ennemi. Il n'y a, dans son cœur, ni panique, ni crainte. Il ne se cache pas devant la troupe de soldats qui le recherche, mais il se dirige sans crainte vers eux et leur demande : « Qui cherchez-vous ? » A leur réponse : « Jésus le Nazaréen », il leur dit : « C'est moi ». Le traître était parmi eux, mais *Judas même n'osait pas s'approcher pour le baiser* jusqu'à ce que Jésus le lui eût permis. La puissance de la troupe armée d'épées et de bâtons était vaine, et *les soldats, au lieu de l'arrêter,* « reculèrent et tombèrent par terre » ; sans sa miséricorde, ils auraient pu tomber morts. Alors, il répète sa question et ajoute de nouveau : «Je vous ai dit que c'est moi »; cette fois-ci, il leur permet de l'arrêter. Toutefois, *ils ne pouvaient arrêter ses disciples*. Au lieu de le leur permettre, il dit : « Si donc vous me cherchez, laissez aller ceux-ci ». Jésus désirait que ses disciples continuent le témoignage ; c'est pourquoi il ne permettait pas leur mort. En outre, *sa parole ne pouvait tomber à terre* — il venait seulement de dire au Père : « De ceux que tu m'as donnés, je n'en ai perdu aucun ». Ne pouvant permettre à ses disciples de prendre l'épée, il reprit Pierre qui agissait ainsi pour donner à Jésus la liberté : « Remets l'épée dans le fourreau : la coupe que le Père m'a donnée, ne la boirai-je pas ? » Il toucha l'oreille de Malchus blessé, et la guérit. Il était venu, non pour blesser, mais pour guérir ; aussi ne fallait-il pas que ses disciples prissent l'épée. Il ne pouvait se détourner de la volonté du Père et de la coupe qu'il lui avait donnée à boire. Mais *il contrôle toute la scène ;* tout en permettant les effets de la méchanceté, il travaille en faveur du témoignage qu'il était le Christ : «La colère de l'homme te louera ».

Sous l'influence de l'Esprit de prophétie, *même le souverain sacrificateur devait prophétiser en sa faveur*. « Or Caïphe était celui qui avait donné aux Juifs le conseil qu'il était avantageux qu'un seul homme périt pour le peuple ». « Etant souverain sacrificateur cette année-là, il prophétisa que Jésus allait mourir pour la nation ; et non pas seulement pour la nation, mais aussi pour rassembler en un les enfants de Dieu dispersés. » Ainsi, contre sa propre volonté, Caïphe fut obligé de proclamer, avant même qu'elle ait eu lieu, la nécessité et l'efficacité de sa mort. Chaque incident rendit témoignage en faveur de Jésus. Même le reniement de Pierre rendit témoignage à la vérité, car Jésus lui avait dit : « En vérité, en vérité, je te dis : Le coq ne chantera point, que tu ne m'aies renié trois fois ».

Ensuite, « dans le palais », ils ne peuvent trouver de raisons évidentes le condamnant ; ils cherchent alors à ce que Jésus témoigne contre lui-même. Sa réponse les convainct, et les confond complètement. Si le souverain sacrificateur recherche des témoignages, ils abondent. Il leur parle si clairement qu'ils sont déroutés. « Moi j'ai ouvertement parlé au monde ; j'ai toujours enseigné dans la synagogue, et dans le temple où tous les Juifs s'assemblent, et je n'ai rien dit en secret. Pourquoi m'interroges-tu ? Interroge sur ce que je leur ai dit, ceux qui m'ont entendu ; voilà, ils savent, eux, ce que moi j'ai dit ». Il était très facile d'avoir des témoins ; mais ces témoins-là auraient rendu témoignage à la vérité, et le palais ne voulait pas les appeler. Devant quelque juge qu'il soit conduit, *le prisonnier devient le juge, et le juge devient le prisonnier.* Oui, Christ convainquit les juges. A ce tribunal, la barre devint le siège, et le siège devint la barre : les rôles furent changés. Christ était réellement le Juge et les juges furent convaincus. Jésus les convainquit, mais eux ne purent le convaincre. Un huissier le frappa, disant : « Réponds-tu ainsi au souverain sacrificateur ? » Mais l'officier du palais fut réduit au silence : « Si j'ai mal parlé, rends témoignage du mal ; mais si j'ai bien parlé, pourquoi me frappes-tu ? »

Jésus, conduit d'abord devant Anne, et ensuite devant Caïphe, le souverain sacrificateur, confondit tous ses juges, car il était le Fils de Dieu. Quiconque essaye de juger Dieu doit avoir le dessous, car Dieu le jugera. Jésus est ensuite conduit devant Pilate, gouverneur païen, représentant de César, chef du grand empire latin qui gouvernait le monde alors. Cependant, Pilate voit aisément, par les accusations des Juifs, que leur cause ne vaut rien, et il leur conseille de le juger selon leur loi. Mais les Juifs voulaient qu'il soit mis à mort ; étant sous la domination de Rome, il ne leur était pas permis de mettre à mort qui que ce soit — autrement, ils l'auraient lapidé. Or *Jésus ne pouvait être lapidé*, car, faisant allusion à sa crucifixion, trois ans avant, il avait dit à Nicodème : « Il faut que le Fils de l'homme soit élevé » ; sa parole ne pouvait être mise de côté.

Ce qui ressort ensuite c'est que *son royaume ne peut passer*, car il est plus grand que celui de César, plus grand que l'empire latin ; il le fera disparaître et ne sera jamais renversé. A ce moment-là se tenait devant Pilate celui dont parle Daniel comme étant la Pierre détachée sans main de la montagne, cette Pierre qui doit frapper l'image à ses pieds de fer et d'argile, et la briser ; il s'agit de celui qui devait détruire le grand royaume latin qui va se lever et prendre sa forme finale (la grande coalition européenne des dix royaumes). Christ établira à la place un royaume universel qui ne passera jamais. Si César, ou l'empire latin, a injustement mis Christ sous la honte publique de la croix, Christ, revenant du ciel, détruira le royaume latin et établira à sa place un royaume de gloire qui ne pourra être renversé. Ce royaume était là, devant Pilate, incorporé dans un Homme, en Jésus, car tous les principes bénis du royaume étaient manifestés en lui. Son royaume n'était pas « de ce monde », autrement ses serviteurs auraient combattu ; son royaume n'était pas d'ici-bas. L'homme ne pouvait le gagner par l'épée ; car il était fondé non sur des principes de convoitise et d'orgueil, mais sur la justice et sur l'amour de Dieu.

Jésus ne fait pas ses revendications

royales. Pour répondre à la question de Pilate, « Tu es donc roi ? » il dit : « Moi, je suis né pour ceci, et c'est pour ceci que je suis venu dans le monde, afin de rendre témoignage à la vérité. Quiconque est de la vérité, écoute ma voix ». Pilate continue : « Qu'est-ce que la vérité ? » et sa question expose que l'empire romain est fondé, non sur la vérité (car elle était inconnue), mais sur les principes de ce monde, des principes de fausseté ; car quelque grand que puisse sembler l'empire romain, Dieu était inconnu et ses droits étaient entièrement oubliés. Dans le monde romain, il n'y avait aucune vie réelle; on ne connaissait pas le vrai Dieu; c'était comme la société d'aujourd'hui, un énorme mensonge. Quoique professant de grandes choses, il ne pouvait donner de satisfaction. Christ seul était la vérité, et *la vérité ne pouvait rester dans le silence ;* elle resplendissait d'autant plus brillamment qu'elle se trouvait dans un monde menteur. Jésus seul révéla Dieu, et lui seul présenta dans sa personne ce qu'est un homme qui fait la satisfaction et les délices du cœur de Dieu. Christ comme

Homme exprimait la raison pour laquelle Dieu voulait avoir l'homme. Quelle parole éprouvante pour Pilate, que celle-ci : « Quiconque est de la vérité, écoute ma voix » ! Tous ceux qui voulaient la vraie satisfaction, tous ceux qui désiraient réellement la vie, tous ceux qui recherchaient le vrai Dieu, trouvaient en Christ seul ce après quoi ils soupiraient. Il était, et il est la vérité. C'est seulement par Christ que nous pouvons trouver la vérité concernant toutes choses : à l'égard de Dieu, à l'égard de l'homme, à l'égard du monde, à l'égard de Satan, prince du monde. Sans Christ, nous n'aurions jamais connu l'amour de Dieu, ni le bas état dans lequel l'homme est tombé, ni son grand éloignement de Dieu. Un incrédule, ou un homme à propre justice peut sembler être moral, mais il est un mensonge vivant, car il n'a aucune idée exacte de Dieu, ni de Christ, ni de lui-même, ni du monde.

Mais combien sont vraies aujourd'hui les paroles que Jésus a dites à Pilate : « Quiconque est de la vérité, écoute ma voix ». C'est la voix de Christ. Avez-*vous* entendu sa voix ? Sinon, vous n'êtes pas de la vérité ; et si un homme n'est pas de la vérité, il est un mensonge. Dieu a resplendi en Jésus. Il n'y a pas d'excuse pour être trompé. Notre état de culpabilité est pleinement venu en lumière, en présence de l'amour divin révélé en Jésus. Il est évident que nous sommes tous pécheurs, et il est tout aussi évident que Dieu veut nous sauver ; il peut le faire par son propre Fils, qui est mort pour nous. Personne jusqu'alors n'avait parlé aussi ouvertement que Jésus. Il a tout déclaré. Il a pleinement et parfaitement révélé Dieu.

Non seulement la vérité ne pouvait être étouffée, mais elle devait atteindre et pénétrer la conscience. Pilate fut obligé de déclarer : « Moi, je ne trouve aucun crime en lui ». Puis, saisissant l'occasion qu'il avait (on avait coutume de relâcher un prisonnier à la pâque), il leur proposa de laisser aller Jésus, le Roi des Juifs. Alors, *le monde eut à se déclarer : il préféra un voleur à un Donateur, un meurtrier à un Sauveur*. Ils répondirent à Pilate : « Non pas celui-ci, mais Barabbas ».

Le gouverneur perd tout sentiment de justice et fait fouetter Jésus, après avoir publiquement déclaré son innocence. Les soldats, eux aussi, se moquent de lui, mettent une couronne d'épines sur sa tête et le revêtent d'une robe pourpre. Toutefois, quoique avec moquerie, *les soldats durent témoigner de sa gloire future comme Roi d'Israël et comme Gouverneur du monde.* Jésus prendra la couronne royale et portera la robe impériale ; car il reviendra bientôt et sera accueilli par Israël comme Messie et comme Roi ; il sera universellement honoré, quand il paraîtra comme Roi des rois et comme Seigneur des seigneurs. Pilate déclara encore une fois qu'il ne trouvait aucune faute en lui — « Voici, je vous l'amène dehors, afin que vous sachiez que je ne trouve en lui aucun crime ». En l'amenant dehors avec la couronne d'épines et la robe pourpre, *il ne pouvait s'abstenir de proclamer :* « *Voici l'Homme !* » Car il était « l'Homme », et il n'y en avait pas d'autre. Tout autre homme était une créature déchue, un pécheur coupable. Il se tenait seul, dans sa gloire morale, les délices de Dieu,

l'Homme parfait plein de grâce et de vérité. Toute béatitude trouvait expression
en lui ; toute grâce était en lui. Bien plus,
lui seul apporta l'amour divin à l'homme
et révéla Dieu. En tous lieux, Dieu appelle
chacun à le contempler — « Voici
l'Homme! » — à apprendre de lui l'amour
divin envers l'homme pécheur, et à trouver en lui le Sauveur du monde. Si on le
contemple réellement, on trouve en lui l'en-
couragement et la bénédiction nécessaires,
car il est la réponse aux besoins d'un
monde de péché. Si vous regardez à lui,
vous vivrez ; tous ceux qui croient en lui
ont la vie éternelle et sont justifiés de
toutes choses.

Pilate ne pensait peut-être qu'à se dé-
barrasser de son prisonnier en excitant la
pitié et la compassion humaine. Mais leur
haine contre un Dieu révélé en amour
avait chassé toute bonté humaine. Au lieu
de contempler l'Homme et d'apprendre en
lui l'amour de Dieu, ils s'écrient : « Cru-
cifie, crucifie-le ! » Pilate répond : « Pre-
nez-le, vous, et le crucifiez », ajoutant,
pour la troisième fois : « Je ne trouve pas
de crime en lui ». Nous voyons ainsi que

le juge est trois fois obligé d'acquitter le prisonnier, et encore il invite les Juifs à le prendre et à le crucifier, pour se dégager de sa responsabilité et la placer sur les Juifs. Mais voici leur réponse effrayant Pilate : « Nous avons une loi, et selon notre loi il doit mourir, car il s'est fait Fils de Dieu ». *La gloire du prisonnier intimide le juge.* Entrant dans la salle de justice, il lui demande : « D'où es-tu ? » Jésus, dans sa sainte majesté, ne lui répond pas. Alors, Pilate en appelle à son autorité, que Jésus reconnaît comme lui étant donnée « d'en haut »; par conséquent, le plus grand péché était aux Juifs qui le lui avaient livré. Il montra à Pilate qu'il se soumettait à son autorité parce qu'elle lui était donnée de Dieu ; Jésus n'était donc pas un rebelle.

Pilate cherchait encore à le relâcher, mais les Juifs répondent : « Si tu relâches celui-ci, tu n'es pas ami de César ; quiconque se fait roi, s'oppose à César ». C'en était trop pour lui, cette fois-ci. *Par son amitié, Pilate est lié au monde : il ne tient pas compte de son âme, afin de conserver l'amitié de César.* Estimant que tout dépendait de la faveur de César, la faveur et l'approbation de Dieu n'entraient pas dans sa pensée. Mais il perdit tout, car peu après, il fut banni par César et mourut en exil (*). Il fit cependant un effort de plus qui servit à l'entière et finale épreuve des Juifs. *Pilate eut à donner un second témoignage : « Voici votre Roi ! »* Ces paroles venaient sans doute de Dieu, afin que la nation décide définitivement si Christ était leur roi ou non. Ils répondent : « Nous n'avons pas d'autre roi que César ». Par ces paroles, non seulement ils refusent Jésus, mais ils refusent et renient leur Dieu. Nation insensée ! Christ voulait les sauver, tandis que César allait les détruire. Ils sont tout à fait apostats, refusant leur Dieu révélé en grâce. Maintenant, tout est fini : Pilate livre Jésus pour être crucifié. Il est conduit à Golgotha, le lieu appelé « lieu du crâne », un lieu qui décrivait bien la fin d'un homme. C'est là qu'ils crucifièrent le Prince de vie, et deux malfaiteurs avec lui

---

(*) à Vienne (Isère)

— Christ au milieu, Objet central comme il le sera en gloire.

Sur la croix, Pilate place ensuite un écriteau : « Jésus le Nazaréen, le Roi des Juifs », écrit pour toutes les classes de la société et pour toutes les nations — en hébreu, pour les religieux ; en grec, pour les savants et les philosophes ; en latin, pour le monde en général. Les Juifs auraient aimé que Pilate écrivit « que lui a dit : Je suis le Roi des Juifs », mais *Jésus ne pouvait être désigné comme prétendant être le roi des Juifs,* car il était le Christ, le Roi d'Israël, et son titre ne pouvait être altéré. « Ce que j'ai écrit, je l'ai écrit », répondit Pilate. *Même les soldats qui le crucifièrent durent prouver qu'il était le Christ,* car ils accomplirent une prophétie écrite mille ans auparavant : ils prirent ses vêtements et en firent quatre parts, et ils jetèrent le sort sur la tunique pour savoir à qui elle serait. Ce qu'ils firent aurait pu être considéré comme de nulle importance, mais chaque événement qui eut lieu autour de la croix devait témoigner en faveur de Jésus et prouver qu'il était le Christ. Naturellement, les soldats n'avaient pas de bible ; ils n'en connaissaient pas le contenu ; peut-être même ignoraient-ils qu'elle existât. Mais David avait écrit dans les Psaumes, dictés par l'Esprit de Christ bien des siècles avant la naissance de Jésus : « Ils ont partagé entre eux mes vêtements, et ils ont jeté le sort sur ma robe ». Tel fut l'accomplissement du Psaume XXII, Psaume qui décrit les souffrances propiatoires de Christ abandonné de Dieu, ainsi que la manière dont il fut traité par les hommes et les glorieux résultats de son travail én résurrection. Pendant des siècles, les Juifs avaient été habitués à chanter ce Psaume. Maintenant, ils en voient l'accomplissement ; et, à leur insue, les soldats prouvèrent que Jésus était le Christ. « Or la tunique était sans couture, tissée tout d'une pièce depuis le haut jusqu'en bas ». Evidemment, ils en auraient fait quatre parts, mais *sa tunique ne devait pas être déchirée,* afin que s'accomplisse la parole prophétique. En outre, la tunique était une figure de la vie de Christ, vie pleine de beauté, et n'ayant jamais eu de déchirure ; car il était sans tache et irréprochable. Toute la colère de l'homme ne pouvait déchirer cela. Nous trouvons ensuite qu'en dépit de ses souffrances terribles et des mauvais traitements de ses ennemis, *rien ne pouvait lui faire oublier sa mère ; rien ne pouvait tacher sa parfaite humanité.* Jésus était vraiment homme, et rien ne pouvait dessécher son amour humain parfait, ni lui faire oublier ce qui revenait à celle qui avait pris soin de lui dès sa naissance. Dans toutes ses relations ici-bas, il était parfait. Mais à quels soins pouvait-il confier sa mère ? Certainement pas à ceux de ses frères selon la chair, Jacques, Joses, Simon et Judas, qui, en ce moment-là, ne croyaient pas en lui (Jean, VII) ; il ne pouvait avoir de confiance dans la nature humaine. Il la confie au disciple qu'il aimait, duquel il dit : « Femme, voilà ton fils » ; puis il dit au disciple : « Voilà ta mère ». Dès cette heure, le disciple la prit chez lui. Cet incident, montrant la perfection de son humanité, est des plus remarquables puisqu'il est relaté dans l'évangile ; le but particulier était de manifester la vérité de sa personne comme Fils de Dieu ; c'est pourquoi le récit de sa naissance est omis dans l'évangile de Jean.

Cet incident manifeste aussi le fait que les espérances d'Israël et leur gloire nationale future ne pouvaient être confiées à la nation incrédule ; elles sont confiées à l'église, à ceux qui l'aiment, et non à ceux qui ne croient pas en lui. Le Juif incrédule n'attend pas le règne millénial de Christ ; aussi n'en parle-t-il pas. Le vrai chrétien seul peut en parler. Jésus régnera sur ce monde pendant mille ans comme Roi d'Israël ; il restaurera les douze tribus dans leur propre pays ; il en fera une bénédiction pour toutes les nations, et les établira à toujours.

Les souffrances physiques témoignèrent aussi en sa faveur et prouvèrent qu'il était le Christ. Dix siècles avant, David avait écrit, au sujet de Christ : « Dans ma soif, ils m'ont abreuvé de vinaigre ». Afin que cette écriture fût accomplie, Jésus dit : « J'ai soif ». Toutes les Ecritures avaient montré que le chemin du vrai Christ le véritable Oint de Dieu, passe par les souffrances, et que le Christ doit souffrir avant d'entrer dans sa gloire. Accomplissant donc l'écriture, ils lui présentèrent le vinaigre, lequel il reçut et dit : « *C'est accompli* », ce qui montre qu'il ne pouvait mourir et qu'il ne mourrait pas avant que l'œuvre fût accomplie. Tout fut pleinement accompli. Toute la puissance humaine et toute la puissance satanique ne pouvaient l'empêcher de finir son œuvre. Il vint souffrir pour les péchés et pour faire propitiation ; il vint faire la volonté de Dieu. Alors, tel un puissant Conquérant, il cria, non en faiblesse, mais d'une voix forte : « C'est accompli ». Et il s'endormit.

Il ne mourut pas non plus comme l'un d'entre nous. Il était le Fils, et même au dernier moment il aurait pu descendre de la croix. *Sa vie ne pouvait lui être ôtée.* Il remettait son esprit au Père, disant : « Père ! entre tes mains je remets mon esprit » (Luc, XXIII, 46). Il avait dit, parlant de sa vie : « Personne ne me l'ôte, mais moi, je la laisse de moi-même ; j'ai le pouvoir de la laisser, et j'ai le pouvoir de la reprendre » (Jean, X, 18). C'est ce qu'il fit. Pour lui, il ne s'agissait pas de succomber à la crucifixion, qui était généralement une mort languissante durant souvent deux ou trois jours. Le Fils de Dieu sépara son esprit de son corps et le remit, le livra (en grec, *paredôké*). Un homme ordinaire doit rendre le dernier soupir, quand Dieu reprend son esprit. Jésus au contraire le livra volontairement entre les mains du Père. Christ lui-même, le Fils de Dieu, agissait dans sa propre puissance divine. Considéré comme Homme, il fut crucifié et mis à mort par des hommes iniques, mais sans sa permission, ils ne pouvaient rien faire, ni l'empêcher de déposer sa vie selon sa propre puissance, en accord avec la volonté du Père. Qu'il est béni de savoir que tout est accompli et que le pécheur n'a qu'à recevoir ce qui a été fait pour lui ! Nous n'avons pas à ôter nos péchés : nous ne pourrions le faire. Mais Jésus les a lui-même portés « en son corps sur le bois ». Nous sommes appelés non à répondre aux demandes de la justice contre nous, mais à nous réjouir de ce que Christ a répondu en mourant pour tous ceux qui croient en lui. Tout est accompli ! Nous n'avons maintenant qu'à croire en celui qui a accompli l'œuvre à la pleine satisfaction de Dieu qui l'avait envoyé. Il vint pour la faire ; il la fit, et personne ne l'en empêcha. Tout est de Dieu.

Même après sa mort, la volonté de l'homme fut restreinte, et tout dut témoigner de lui, car *aucun de ses os ne pouvait être rompu*. Les soldats vinrent pour les lui rompre, ainsi qu'aux deux malfaiteurs qui étaient crucifiés avec lui. Mais le Psaume XXXIV ayant dit : « Il garde tous ses os, pas un d'eux n'est cassé », les mains des soldats furent arrêtées. Un soldat, plus méchant que les autres, tira sa lance et perça le côté du Seigneur qui était mort. Même cette action brutale prouva qu'il était le Christ, car Zacharie avait dit, quelque cinq cents ans auparavant: « Ils regarderont vers moi, celui qu'ils auront percé ». Quel témoignage écrasant! Il était le Messie et le Sauveur promis depuis longtemps. En outre, *le sang* et l'eau qui coulèrent de son côté percé furent un grand témoignage à l'œuvre double de Christ, aussi bien qu'à la réalité de sa mort. Quand son côté fut percé, il en sortit aussitôt « du sang et de l'eau ». *Le sang* parle de propitiation pour le péché, de sorte que si le cruel soldat s'était repenti, croyant en Jésus, il ne pourrait jamais être condamné pour cet acte, car « le sang de Jésus Christ » — le Fils de Dieu — « nous purifie de tout péché ». C'était le sang du Juste —celui qui a souffert pour les péchés, « le Juste pour les injustes », et qui porta nos péchés en son corps sur le bois, afin que tout pécheur croyant en Christ soit délivré du poids terrible de ses péchés ; il sait qu'ils ont été ôtés à toujours. Ensuite, *l'eau* qui sortit du côté de Christ parlait de purification de l'homme pécheur, de nous-mêmes ; Christ nous représentait ; il avait pris notre place ; quand il mourut nous mourûmes. Ainsi, l'homme exposé au jugement fut jugé dans la mort de Christ. De cette manière, si ce même soldat devint un croyant (comme c'est possible), il aurait trouvé la purification et la liberté dans la mort de Christ, purifié et libéré de tout ce qu'il était comme pécheur ; dès lors, il ne pourrait plus être considéré dans le ciel comme étant l'homme qui perça le côté de Christ, mais il y serait dans toute l'acceptation et dans toute la perfection de Christ lui-même. Quelle grande réponse à l'action méchante du soldat! Elle manifeste l'amour de Dieu exprimé dans l'amour de Jésus, et elle présente, comme je l'ai dit, le double résultat, la double efficacité de son œuvre : 1° pour expier ce que nous avons fait; 2° pour nous purifier de tout ce que nous étions comme pécheurs, car, dans la mort de Christ, nous avons nous-mêmes pris fin aux yeux de Dieu.

Il ne pouvait être enseveli avec les méchants — dans la tombe d'un criminel. La prophétie d'Esaïe, prononcée quelque sept cents ans auparavant, devait être accomplie. « On lui donna son sépulcre avec les méchants; mais il a été avec le riche dans sa mort, parce qu'il n'avait fait aucune violence, et qu'il n'y avait pas de fraude dans sa bouche » (Esaïe, LIII, 9). Un homme riche, Joseph d'Arimathée, un disciple secret, se manifeste au moment venu. Si Dieu a besoin d'un homme riche, il peut facilement le trouver. Joseph va hardiment trouver Pilate et lui demande la permission d'avoir le corps de Jésus; il fournit un sépulcre neuf qui était dans le jardin près du lieu où Jésus avait été crucifié — un sépulcre taillé dans le rocher. Il plaça dans ce tombeau sans souillure le seul corps pur et sans péché qui ait jamais été enseveli. Nicodème paraît aussi, celui qui trois ans avant était venu de nuit. *Là crucifixion ne pouvait ébranler la foi de Nicodème, mais plutôt le convaincre que Jésus était le Christ.* Au commencement même de son ministère, Jésus lui avait non seulement dit qu'il serait crucifié, mais aussi que sa crucifixion était absolument nécessaire pour donner à l'homme la vie éternelle. « Comme Moïse éleva le serpent dans le désert, ainsi il faut que le Fils de l'homme soit élevé, afin que quiconque croit en lui ne périsse pas, mais qu'il ait la vie éternelle. Car Dieu a tant aimé le monde, qu'il a donné son Fils unique, afin que quiconque croit en lui ne périsse pas, mais qu'il ait la vie éternelle ». Nicodème voit maintenant que ces paroles se sont merveilleusement réalisées. Sa foi est fortifiée; il s'associe au corps mort de Christ et apporte des aromates pour l'ensevelissement. Alors que tous les disciples se sont enfuis, l'ayant abandonné, Nicodème est présent et croit en lui quoique mort ; il le confesse hardiment quand tout espoir semble extérieurement perdu.

Mais la mort ne pouvait retenir Jésus dans le sépulcre ; il ne pouvait pas voir la corruption. Il était impossible qu'il soit retenu par la mort, impossible que son corps reste dans le tombeau. Son corps ne pouvait disparaître, ni voir la corruption. Tout dépendait de sa résurrection. Il avait lui-même dit : « Détruisez ce temple, et en trois jours je le relèverai », parlant du temple de son corps ; et c'est ce qu'il fit. Il démontra qu'il était le Fils de Dieu en réveillant du sommeil de la mort son propre corps, et en le ressuscitant, brisant à toujours la puissance de la mort et le tombeau. Ce n'est pas pour lui-même qu'il annula la mort, car, en ce qui le concernait, il n'avait pas à mourir ; mais nous étions sous la puissance de la mort, et il l'a anéantie pour nous, en ressuscitant. Tout ce que pouvait faire la puissance de l'homme et de Satan, c'était de manifester la puissance plus grande de Christ et de Dieu. Ceux qui essayèrent de réduire Christ au silence, le retenant dans la mort, furent eux-mêmes réduits au silence par Christ qui ressuscita le troisième jour. Il est l'Homme vivant présenté à notre foi ; il est la seule lumière et la seule bénédiction de l'homme. Ni la pierre qui avait été roulée contre le tombeau, ni la garde romaine, ne pouvaient l'empêcher de ressusciter ; Jean ne juge pas même nécessaire d'en faire mention. Que pouvait-on faire contre le Fils de Dieu ? On ne pouvait l'empêcher de ressusciter.

Ainsi, *Christ porta le témoignage à travers la mort ; et en résurrection, il envoya un message joyeux aux siens.* Il se révéla à une femme, Marie de Magdala. C'est une femme qui introduisit le péché dans le monde, et c'est une femme qui doit être la première à annoncer que le péché est ôté et que Dieu a vaincu le mal. Son message annonce de plus grandes choses que celles auxquelles on aurait pu s'attendre. Jésus lui dit : « Va vers mes frères, et dis-leur : Je monte vers mon Père et vo-

tre Père, et vers mon Dieu et votre Dieu ».
*Il proclama ainsi à l'homme des bénédic-
tions plus grandes que celles qui furent
perdues à la chute.* Ses disciples furent
appelés à de nouvelles relations — la bénédiction de l'adoption — son Père étant
leur Père et son Dieu leur Dieu; ils sont
ses frères, compagnons intimes et asso-
ciés de l'Homme céleste et exalté. Désor-
mais, sa demeure est leur demeure. Son
message rallia les siens; alors eut lieu *la
réunion la plus merveilleuse* qu'on ait jamais connue. Ils fermèrent les portes,
pour exclure tout ce qui était contraire à
Christ. Mais les portes fermées ne pouvaient en empêcher l'accès au Christ ressuscité ; aussi entra-t-il en ce lieu où
l'amour saint pouvait l'accueillir. Il doit
être avec les siens; ainsi, il vient et se
tient au milieu d'eux, et *comme Conquérant triomphant,* il proclame la paix, disant aux disciples : « Paix vous soit ! »
Puis, il leur montre ses mains et son
côté, et s'identifie avec eux comme étant
le même Jésus, leur donnant les preuves
de sa grande et glorieuse victoire. Par
conséquent, toute cause de crainte prend

fin, et la paix les remplit à toujours. Depuis lors, la paix a toujours été la part des chrétiens : Christ ne peut jamais mourir, et les effets de la victoire qu'il a remportée ne peuvent jamais être perdus. Nous lisons : « Les disciples se réjouirent donc quand ils virent *le Seigneur* ». C'était une belle vision pour eux : *ils virent le Seigneur ayant entre les mains la tête du géant.* Ils le virent avec les preuves évidentes de son triomphe sur la mort et sur toutes les puissances réunies de Satan et du mal. Puis, il leur dit encore : « Paix vous soit! » et il ajoute : « Comme le Père m'a envoyé, moi aussi je vous envoie ». Soufflant en eux, il leur dit : « Recevez l'Esprit Saint ». *Il les envoie ainsi en grande mission d'amour divin, possédant son propre Esprit.* Il leur donne le même Esprit d'amour divin dans lequel il avait servi ici-bas. Dans l'esprit et la puissance de l'amour, ils devaient aller révéler Dieu, rendant témoignage que le Père avait envoyé le Fils comme Sauveur du monde. Ils devaient proclamer la rémission des péchés de tous ceux qui croient l'évangile. Le pardon était si complet qu'ils ne doivent plus jamais être considérés comme pécheurs, tandis que ceux qui rejettent Christ doivent être laissés pour le jugement. « A quiconque vous remettrez les péchés ils seront remis ; et à quiconque vous les retiendrez, ils seront retenus ». En aucune manière la mort de Christ ne mit fin au service d'amour commencé par lui-même ici-bas. Au contraire, il prit beaucoup d'extension ; au moyen de milliers de témoins vivants ayant le même Esprit, l'Esprit de Christ, l'amour de Dieu qui avait envoyé son Fils se répandit et fut publié dans tout le monde.

Du commencement a la fin, le triomphe de Christ a été ininterrompu. Il n'a jamais été défait. La vérité n'a jamais été détruite, et elle ne le sera jamais.

Christ est monté à la droite de Dieu ; de ce lieu de puissance et de gloire où le mal ne peut entrer, il soutient les siens ici-bas. Les saints sont encore dans le conflit, mais ils y sont dans son Esprit, l'Esprit d'amour, et en son nom, le nom de celui qui a souffert pour nous ; pour tous ceux qui croient en lui, *il a englouti le grand monstre — la mort — qui effrayait toute la race humaine.*

Certaines personnes disent que tout est fini, et que le christianisme est une chose du passé. Il se peut que tout soit fini pour ces personnes-là, si elles ne croient pas l'évangile. Mais le christianisme n'a pas cessé d'exister, car Christ est vivant, et la mission d'amour se continue. De tous côtés, des âmes sont sauvées et amenées à la connaissance de l'amour de Dieu. Rien ne peut vaincre le Fils de Dieu. Il continue à recueillir le butin de sa victoire au Calvaire, victoire dont sa résurrection est la grande et glorieuse preuve. Bientôt il sera publiquement manifesté qu'

IL A TRIOMPHÉ.

Puissiez-vous faire partie du fruit béni de sa victoire !

Ne désobéissez pas à l'évangile, mais recevez-le comme étant la bonne nouvelle de Dieu. Venez à Christ ; vous serez sauvés et vous aurez part avec lui dans le jour de gloire.

H. D'A. C.

(Substance d'une prédication.)

www.ingramcontent.com/pod-product-compliance
Lightning Source LLC
LaVergne TN
LVHW020445060726
842525LV00005B/1543